L'INFECTION DE PARIS

ET

DE LA BANLIEUE

Par L. DORRÉ

SECRÉTAIRE DU COMITÉ DE RÉSISTANCE A LA VOIRIE DE BONDY

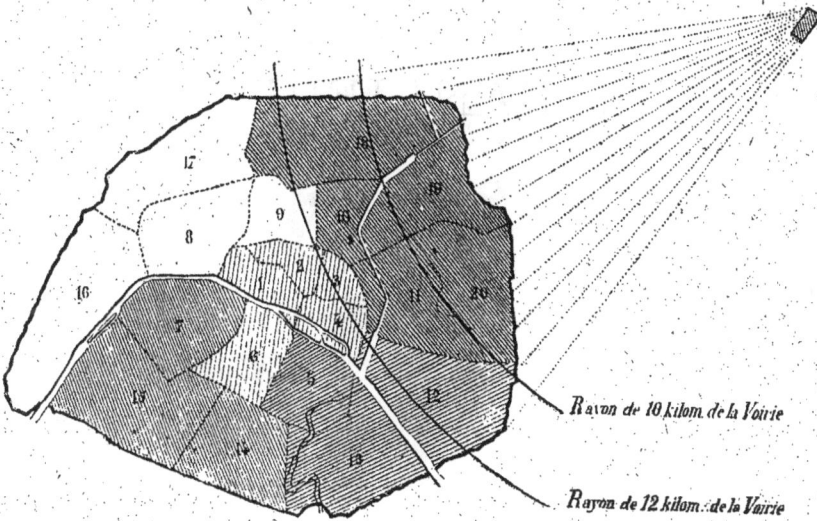

La Fièvre typhoïde et la Voirie de Bondy

VOIRIE DE BONDY

Rayon de 10 kilom. de la Voirie

Rayon de 12 kilom. de la Voirie

OCTOBRE 1883

L'INFECTION DE PARIS

DE LA BANLIEUE

L'INFECTION DE PARIS

ET

DE LA BANLIEUE

Par L. DORRÉ

SECRÉTAIRE DU COMITÉ DE RÉSISTANCE A LA VOIRIE DE BONDY

La Fièvre typhoïde et la Voirie de Bondy

OCTOBRE 1883

L'INFECTION DE PARIS

ET DE LA BANLIEUE

I

Ceinture d'infection de Paris. — Grâce à la complaisance des administrations qui se sont succédé à Paris, cette malheureuse ville s'est laissé investir d'une ceinture de foyers infects. De presque tous les points de l'horizon, les vents lui apportent les odeurs les plus intolérables et les germes morbides les plus funestes. Vidangeurs, équarrisseurs et autres industriels bloquent Paris et s'enrichissent aux dépens de son existence.

Quelques-uns de ces établissements s'imposent fatalement ; mais, pour en déterminer l'emplacement, on a complétement oublié les progrès de la science, l'augmentation des moyens de transport, et surtout l'accroissement de la population à Paris et dans sa banlieue, de telle sorte que le Conseil municipal nous fait assister à ce spectacle : d'une part, des industriels qui doublent leurs bénéfices par la diminution du prix de revient, l'augmentation et le renchérissement de leurs produits; d'autre part, une population qui voit s'ajouter aux dangers de son agglomération toujours croissante, ceux de la proximité immédiate des établissements insalubres.

Mais au moins ces usines ont-elles été quelque peu éloignées, ont-elles subi une réduction d'importance quelconque? En aucune façon. Nous allons le prouver.

Questions de M. Vauthier au Conseil municipal (11 juin 1883). — Dans la séance du Conseil municipal de Paris du 11 juin, M. Vauthier a posé à l'Administration les deux questions suivantes :

I. — L'Administration a-t-elle fait, depuis l'été de 1880, les recherches nécessaires pour savoir exactement d'où proviennent les odeurs infectes qui s'abattent, le soir, sur les quartiers nord-est de Paris, dès les premières chaleurs de l'année ?

II. — Si ces recherches ont été faites, quel est le résultat et quelles sont les mesures spéciales que l'Administration a prises ou compte prendre pour faire disparaître ou du moins atténuer ce fâcheux état de choses?

Proposition Vauthier (30 mars 1882). — M. Vauthier est un ingénieur des ponts et chaussées, un savant statisticien, ardent ami du progrès. Sa voix s'était perdue au milieu du parti-pris de ses collègues, dans la séance du 30 mars 1882, séance où l'on avait adopté les conclusions funestes de la sous-commission Gamard-Deligny relativement à la concession de la voirie de Bondy. M. Vauthier prévoyait les conséquences homicides de la concentration de ces industries, et, coupant habilement le mal dans sa racine, il avait tenté de supprimer les bénéfices réalisés aux dépens du bien général en supprimant la spéculation et en faisant décider que la Ville exploiterait par elle-même les vidanges, tant qu'il y aurait nécessité de les exploiter. Il n'y avait là rien de bien nouveau puisque le balayage des rues de Paris, les concessions d'eaux d'égout sont des services publics, de même que l'exploitation des postes, des télégraphes et de certains chemins de fer.

M. Vauthier proposait en outre de supprimer le stock par le remblaiement pur et simple des bassins. Ces propositions, appuyées par M. Rabagny et cinq de ses collègues, étaient conformes aux vues du comité de résistance à la Voirie de Bondy et furent repoussées par 40 voix contre 17 (1).

Nous pensons qu'il est bon que le public parisien connaisse les noms de ces 17 conseillers. Ce sont MM. Boll, Cernesson, Collin, Combes, Cusset, Desmoulins, Guichard, Hattat, Jobbé-Duval, A. Lamouroux, Levraud, Marsoulan, de Ménorval, Rabagny, Robinet, Rousselle, Vauthier.

On a pu lire dans la *Ville de Paris*, du 30 mars 1882, les détails de cette séance. Le comité contre Bondy était malmené d'importance par M. Gamard, puis défendu énergiquement par MM. Vauthier et Rabagny qui s'assimilaient nos conclusions et nos propositions.

C'est là qu'on a entendu déclarer par un docteur conseiller moins

(1) Voici la composition de ce comité :
Président : MM. Allain-Targé, député de la Seine.
Vice-Présidents : Clémencet, maire du Raincy.
Rabagny, conseiller municipal de Paris.
Trésorier : Fanost, 17, passage Saulnier.
Secrétaire : Dorré, au Raincy.
Membres : Langlois.
Lockroy. } députés.
Talandier.
Raspail (Benjamin).
Baudot, maire du 1er arrondissement.
Gérard, maire du 20e arrondissement.
Leven.
Jaquet. } conseillers généraux de la Seine.
Lefèvre.
Decorse.
Collin, avoué de première instance.
Renard, avoué à la cour d'appel.
Et 55 conseillers généraux, conseillers d'arrondissement, maires et délégués municipaux.

timide que M. Pasteur, que « la transmission de la variole par les matières fécales était une erreur scientifique. »

C'est là qu'on a entendu un conseiller municipal montrer qu'il croyait l'hospice Saint-Louis situé dans le XIX⁰ arrondissement *qui est le sien.*

C'est là qu'on a entendu la 6⁰ commission dire au Conseil par la bouche du docteur Royer : « Ce que nous vous proposons, c'est de mettre en pratique les nouveaux procédés de traitement des matières... » Renouvelez donc, Monsieur le docteur Royer, la visite que nous fîmes ensemble il y a deux ans à Bondy, et dites ensuite à vos collègues que, malgré votre promesse, la situation ne s'est pas gravement empirée dans la voirie surveillée par vos agents, dans cette voirie que vous qualifiez vous-même de « marais Pontin. »

Demandez-leur comment il a pu se faire que le Conseil municipal rejetât la proposition d'un ancien collègue, aujourd'hui député, tendant à organiser la surveillance de cet établissement.

C'est là qu'on a entendu M. Amouroux, conseiller du XX⁰ arrondissement, l'un des plus éprouvés par le voisinage de la voirie municipale, dire ceci :

« On a beaucoup parlé du Comité de résistance, mais il ne faut pas oublier les travailleurs de Bondy et des environs; ceux-ci déclarent que les émanations sont la conséquence de l'abandon des travaux, et que, dès que ceux-ci seront repris, l'infection diminuera. »

Quels sont donc les travailleurs dont M. Amouroux prend la défense ? A-t-il vu leurs cartes électorales? Sait-il combien il y en a parmi eux d'étrangers, voire même d'Allemands? La liste électorale de Bondy où résident tous les *poudretteux* en compte *douze* sur un effectif d'environ cent cinquante ouvriers ou employés.

Ces *douze* électeurs sont des surveillants ou des contre-maîtres. Il y en avait autant en 1881 et en 1882. Quant aux *cent trente-huit* autres, *il* constituent une population flottante, dont la plus grande partie est réfractaire à toute enquête sur son état civil; quelques-uns ne stationnent qu'un jour ou deux. Ce sont pour la plupart des Allemands ou des Luxembourgeois d'origine douteuse.

Voilà les clients, les *travailleurs* dont M. Amouroux s'est fait l'avocat auprès du Conseil municipal.

La pétition des habitants de Bondy pour le maintien de la voirie, annoncée au Conseil, n'a jamais existé. — Quant à la pétition que M. Gamard a annoncée à ses collègues comme « apportée par M. Amouroux et émanant des *neuf dixièmes* des habitants de Bondy, pour demander le maintien de la voirie à Bondy », nous mettons simplement M. Gamard et M. Amouroux *au défi* de présenter une pétition de ce genre contenant des signatures acceptables. C'est une pure tromperie dont ces deux messieurs ont été victimes sur la foi d'amis compromettants et dont leurs collègues ont été à leur tour victimes sur leur témoignage. La preuve en est que, dès le vote du 31 mars, et à cause de ce vote, le Conseil municipal de Bondy a donné sa démission motivée, et qu'il a été réélu tout entier à la presque unanimité des voix.

Il est à regretter que, sur un sujet aussi grave, on ait avancé des faits dont on n'a pas pris le soin de vérifier suffisamment l'exactitude.

M. Rabagny, conseiller du XIXᵉ arrondissement, qui, dans ces circonstances, a pris avec constance, courage et habileté, la défense des intérêts de ses électeurs, avait, séance tenante, annoncé cette démission au Conseil municipal de Paris; la majorité n'en tint pas compte; M. Gamard la qualifia de « malséante ». C'était pourtant une réponse topique à M. Amouroux et à M. Gamard lui-même. Les odeurs de la voirie ne parvenaient pas au pavillon de Flore. Elles parviendront peut-être un jour prochain à l'Hôtel-de-Ville, et alors le Conseil municipal appréciera la portée de son vote du 29 mars 1882.

La voirie municipale est l'ennemi principal de la santé publique. — Revenons à la séance du 11 juin 1883.

Que l'on veuille bien se rendre, pendant que règnent les odeurs, à la gare du Nord ou à celle de l'Est, soit de jour, soit de nuit, par un vent nord-est et par une pression barométrique favorable : on remontera très facilement à la source de l'infection et l'on arrivera les yeux fermés aux lacs et aux usines de Bondy, après une promenade de 7 kilomètres à partir des abattoirs par la route nationale de Metz. C'est là l'ennemi principal.

Les fosses fixes. — Mais ce n'est pas l'unique ennemi. Les fosses fixes de Paris sont munies de tuyaux de ventilation qui, dans certaines conditions de température, de calme et de pression barométrique, émettent dans l'atmosphère des odeurs qui peuvent retomber sur la ville. Ces émanations venant s'ajouter à celles des voiries de la banlieue, l'infection est perpétuée dans Paris; mais les exhalaisons sensibles des tuyaux d'évent dépendent de certaines conditions qui ne se réalisent pas toujours, tandis que les voiries sont disposées de telle sorte que leurs émanations se font perpétuellement sentir sur un point ou sur un autre de la ville, quel que soit l'état de l'atmosphère.

Il est clair que l'infection des quartiers est proportionnée à l'importance des voiries voisines et que, par conséquent, les quartiers du nord-est, voisins des étangs et de l'énorme exploitation de Bondy, sont les plus éprouvés.

Nous placerons donc les fosses fixes au second plan, et nous ne nous occuperons dans cette étude que des voiries de la banlieue. D'ailleurs les voiries procèdent des fosses fixes, la suppression des unes entraînera la disparition des autres.

Les égouts. — Les odeurs attribuées aux égouts ne peuvent être placées qu'en dernière ligne. Elles s'étendent au plus à quelques mètres de la bouche ; il n'y a pas à les confondre avec les odeurs abominables des voiries ; on les fera complétement disparaître avec l'extension de l'alimentation de l'eau.

II

Arguments de M. le Préfet de police. — Leur réfutation. — Aux questions de M. Vauthier, M. le Préfet de police a répondu par des arguments que nous voulons reprendre et réfuter un à un.

Trois causes d'infection existent à Paris, a dit M. le Préfet de police, le 11 juin au Conseil municipal :

Les égouts, les fosses d'aisance et les établissements classés.

De ces trois causes, une seule concerne la Préfecture de police, celle des établissements classés.

La voirie de Bondy est la seule usine libre. — Mais la voirie municipale ne relève réellement pas de la Préfecture de police.

L'*usine monstre* qui, plus que toutes les autres usines ensemble, engendre et entretient les maladies infectieuses de Paris, la voirie de Bondy, est seule la propriété même de la ville de Paris. L'Administration accueille dans ce lieu de refuge toutes les industries honteuses qui traitent l'engrais humain, qui s'enrichissent aux dépens de la santé publique et que l'on chasse de Nanterre, des Hautes-Bornes et d'ailleurs ; et, pour comble de honte, cela s'appelle la voirie municipale, une tache d'ordure sur la face de ce Paris, qui avec son demi-milliard de budget n'est pas encore assez riche pour s'en nettoyer.

« Nous fermerons toutes les usines d'engrais humain, avait annoncé M. Alphand, et nous leur permettrons de se réinstaller à Bondy. »

Or, toutes ces usines relèvent des sévères règlements de la Préfecture de police ; leur transfèrement les abrite dans le giron bienveillant de la Préfecture de la Seine où tout est permis.

1° La fermeture des usines de Nanterre et des Hautes-Bornes a augmenté le mal. — M. le Préfet de Police nous dit que la situation s'est améliorée depuis 1880 par la suppression de deux usines. En effet, deux usines ont disparu ; mais leur fermeture a augmenté le mal au lieu de le diminuer ; car ces industriels se sont transportés ailleurs, *plus près de Paris* dans des conditions bien pires que dans l'état primitif ; il est vrai qu'elles ont franchi la frontière du ressort de la Préfecture de police, et que, malgré le dommage causé, l'extradition n'existe pas pour ces privilégiés.

2° L'usine Souffrice n'a pas été éloignée. — L'usine Souffrice, qui était autrefois près d'Aubervilliers, a été reportée « très loin, » dit M. le Préfet de police, dans les environs de Drancy.

Nous prenons la liberté de prier M. le Préfet de police d'ouvrir une carte de la Seine, et d'y pointer l'emplacement actuel de l'usine Souffrice exactement située sur le chemin n° 12 de Saint-Denis à Bondy, à 2.500 mètres de la Courneuve et à 3.400 mètres de la barrière de La Villette. Souffrice est donc aujourd'hui à 3.400 mètres de Paris ; voilà ce que l'on prétend être une relégation fort lointaine.

3° **La fermeture des usines supprimées prouve le droit de fermer celle de Bondy.** — « On ne peut supprimer 'ces établis- « sements qui ont été autorisés par une législation formelle. » — Vous avez supprimé pourtant deux usines autorisées ; cette suppression est donc possible, et si elle a été possible pour ces deux établissements, combien ne l'est-elle pas davantage pour le seul dont l'existence soit illégale, pour l'*usine monstre*, la voirie municipale, dont le comité consultatif des arts et manufactures disait dans un *avis* en date du 30 juin 1870 :

« La voirie de Bondy n'a été l'objet d'aucune autorisation dans la » forme prescrite par le décret de 1810.... Il n'y a pas eu notamment » d'enquête préalable, ni d'avis du Conseil d'État ;..... on ne saurait » invoquer la prescription en raison du temps écoulé ;... ni les faits » allégués, ni le temps n'ont pu couvrir l'irrégularité de la situation. »

Cet avis avait été adopté en tous points par le Ministre de l'agriculture dans sa lettre du 4 juillet 1870 au président du contentieux du Conseil d'État.

Et pourtant Bondy existe encore et existe plus important, plus pestilentiel que jamais. M. le Préfet de police n'a peut-être rien à y voir ; mais nous affirmons que les opérations qui s'y accomplissent en justifieraient la fermeture infiniment plus que celle de Nanterre ou des Hautes-Bornes.

4° **Les usines de Bondy ne sont pas surveillées et ne suivent aucune prescription.** — M. le Préfet de police promet au moins *d'imposer aux usines classées le respect des règles qui leur ont été prescrites, de les faire fréquemment visiter,* etc. C'est déjà quelque chose, et nous serions quelque peu rassuré si cette surveillance s'étendait à l'*usine monstre* ; mais là. nous le répétons, le Préfet de police n'a rien faire, et n'a jamais rien fait.

Par la description sommaire de ce qui s'y passe, description qu'il faut bien imposer au lecteur pour tâcher de l'intéresser à ses affaires, on jugera si cette inspection n'est pas motivée ; mais, pour être efficace, un service de ce genre doit être accompli par des fonctionnaires nommés par l'Administration centrale, essentiellement indépendants et se renouvelant à de courts intervalles. La plus inutile des surveillances est celle d'agents à demeure tels que le piqueur des ponts et chaussées attaché à la voirie de Bondy, y vivant et y respirant en permanence. Demandez à cet employé s'il est incommodé par les parfums spéciaux des usines qu'il surveille, il vous regardera tout étonné : « Bondy ne sent rien, Bondy n'est pas infect !!! »

Et cependant les gaz de la voirie municipale se répandent à 10 et 12 kilomètres de distance suivant la direction du vent, empoisonnant tour à tour Paris jusqu'à la gare de l'Est et à la place de la République, Vincennes, Nogent sur-Marne, Gonesse, Saint-Denis, Epinay, etc. Nous en possédons l'attestation signée de 52 maires.

5° Les odeurs de Bondy sont essentiellement malsaines. Enfin, comme dernier argument, M. le Préfet de police dit au Conseil : « Ainsi que le Conseil l'a reconnu, ces odeurs doivent provoquer des mesures sérieuses, non parce qu'elles sont malsaines, mais parce qu'elles sont désagréables. »

De toutes les équivoques employées pour donner le change à l'opinion publique, voilà la plus caractérisée; nous devons y répondre par une description sommaire de ce qui se passe à Bondy, par un exposé de rapprochements statistiques, et quand nous aurons essayé de persuader aux optimistes que tout est au pis, nous indiquerons quelques mesures protectrices que nous pensons être immédiatement applicables.

III

Emplacement de la voirie municipale. — A 7,500 mètres de l'enceinte de Paris, l'Ourcq canalisé fait un coude vers l'Ouest pour arriver à Pantin suivant une ligne rigoureusement droite.

A ce coude, est située la voirie municipale; de là, l'observateur, placé sur le chemin de halage, se rend compte qu'il a devant les yeux non seulement un boueux cours d'eau se rendant lentement à Paris, mais une plaine unie et déboisée, essentiellement propre à transporter vers Paris, pour peu que le vent s'y prête, l'air qui a passé par la voirie et s'y est saturé de miasmes et de microbes.

Infection de Paris par l'air et par l'eau. — Il est donc bien établi que Paris reçoit en ligne droite, par les vents variant du nord-est à l'est-nord-est, l'air et l'eau qui passent par la voirie municipale. Respire-t-il cet air? ce n'est pas contestable; nous en appelons aux nerfs olfactifs de tous les Parisiens.

Boit-il cette eau? c'est moins connu; mais ce n'est pas moins sûr. Lisez la polémique qui s'est terminée en juillet dernier entre M. le docteur Vallin et M. l'ingénieur Couche dans le journal *la Revue d'hygiène et de police sanitaire*, page 541 à 549, et vous apprendrez que sur 400,000 mètres cubes d'eau consommés à Paris chaque jour, 130,000 mètres proviennent de l'Ourcq, que ces 130,000 mètres sont en grande partie appliqués à l'arrosage, mais que néanmoins on n'en reçoit pas d'autre dans la plupart des hôpitaux (Saint-Louis, — La Charité, — Laënnec, etc...), à l'école des Beaux-Arts et dans presque toutes les casernes (1).

---

(1) La moitié des échantillons d'eau soumis à l'analyse du Laboratoire municipal de chimie en octobre 1883, ont été déclarés « non potables » par suite de la présence de matières organiques.

Or, qu'est-ce que l'eau d'Ourcq? Il semble qu'il n'y ait pas de mal qu'on n'en ait dit. Nous comptons cependant ajouter de nouveaux griefs au passif de cette malheureuse rivière, et prouver aux Parisiens qui en boivent qu'ils s'empoisonnent. Nous y arriverons tout à l'heure.

Opérations de la voirie. — Entrons dans l'enceinte, si toutefois nous en avons l'autorisation formelle ; car les gens dont les odeurs violent impunément nos domiciles n'admettent pas qu'un œil curieux pénètre leurs mystères, et l'Ingénieur en chef de la Ville est lui-même impuissant à ouvrir la porte des usines de Bondy. Mais nous en verrons sans doute assez si nous savons regarder et comprendre ce qu'on nous cache.

La voirie occupe un rectangle de 34 hectares au centre duquel pénètre un bras de l'Ourcq, pour y former un port. Voici une rame de bateaux arrivant de Paris, chargés de tonneaux mobiles et de zincs ou tinettes-filtres.

Débardage. — Ils entrent successivement dans le port et se rangent à gauche sous des grues à vapeur fixées au quai et munies de griffes d'enlevage. Les grues se mettent en action, enlèvent les récipients du bateau et les déposent sous un hangar ouvert sur trois de ses quatre côtés. Là, des ouvriers saisissent les tonneaux, les débouchent et en renversent le contenu, qui s'étale sur un pavé inégal pour y subir un examen, un triage, et être repoussé vers des orifices placés au-dessus d'un immense bassin à ciel ouvert.

Les gaz, avivés par une fermentation déjà commencée et par le transport et l'agitation, sont ainsi brusquement émis dans l'atmosphère en quantités considérables. L'étalage, le triage et la stagnation dans un bassin découvert favorisent cette émission.

Rien ne justifie cet immonde procédé.

Pourquoi ce hangar ouvert à tous les vents? — Pourquoi ce débardage barbare? — On nous a répondu que, dans un hangar fermé, les débardeurs seraient asphyxiés, que le triage est nécessité par des considérations de police, que les débardeurs s'en font un profit, et que le lavage des tinettes vides ne peut se faire sans étalage.

Singulières raisons! Des mesquineries de ce genre sont-elles à comparer avec l'intérêt de la santé publique?

Quoi qu'il en soit, le point particulier qui nous occupe en ce moment, le débardage, tel qu'il se pratique à Bondy, est une *horreur* d'autant plus inexcusable qu'elle est surveillée par les agents de la ville de Paris, complices tacites de ce méfait, quoique le cahier des charges porte, art. 9, § 2 : « Les opérations, pour le traitement des matières, seront faites suivant des procédés tels qu'il ne se répande au dehors de la voirie aucune émanation gênante ou nuisible... »

Et, § 5 : « Si elles présentent ces inconvénients, la Ville se réserve le droit d'interdire l'arrivée du cube journalier, etc....

La responsabilité de la Ville est donc entière malgré les efforts faits par la Commission Gamard-Deligny pour la masquer derrière celle des concessionnaires.

Dépôts sur la berge de l'Ourcq. — Voilà donc le bateau déchargé, puis rechargé de récipients vides qu'il ramène au dépotoir de la Villette. Mais ne le perdons pas de vue jusqu'à ce qu'il soit bien parti, car il peut survenir tel accident, explosion, bris, débouchage intempestif, qui fait que la cale se remplit plus ou moins d'immondices que l'on dépose à la pelle sur la berge droite de l'Ourcq, à environ 100 mètres au-dessus de la voirie. Les tas ainsi formés se dessèchent là par l'évaporation et surtout par l'écoulement de leurs liquides qui tombent.... dans l'Ourcq, dont 130,000 mètres cubes sont distribués à Paris en arrosages et en eaux potables.

Ruptures de la conduite de refoulement. — Il y a plus : la conduite servant à refouler les liquides du dépotoir de La Villette à la voirie municipale est sujette à *se rompre*, et *cet accident s'est produit.*

Or, cette conduite est établie sur la berge droite du canal de l'Ourcq, à deux ou trois mètres du bord. Toute avarie du tuyau occasionne un débordement dont l'évacuation se fait naturellement par l'Ourcq. Une rupture se déclarant pendant le refoulement, un flot de plusieurs centaines de mètres cubes de vidange se déverse dans la rivière durant les heures nécessaires pour découvrir l'accident et pour y remédier.

L'Ourcq emporte le tout vers Paris, et une bonne partie des ordures échappées est bue par les habitants ou étalée sur leurs chaussées.

Et pourtant le cahier des charges oblige les exploitants (art. 12 et 13) à ne pas polluer les eaux de l'Ourcq ; sous peine de s'exposer à des mesures de rigueur, sans préjudice des dommages-intérêts.

Nous reviendrons sur les causes d'empoisonnement de la ville de Paris par les eaux de l'Ourcq; mais continuons d'abord la description des opérations de la voirie municipale.

Le terrain de 34 hectares, que nous avons sous les yeux, circonscrit par un fossé d'environ 3 mètres de profondeur, se divise en terre-pleins, en bassins découverts, en talus de déblai et en bâtiments.

Terre-pleins et bassins. — Les terre-pleins se subdivisent en chaussées et en surfaces d'étendage. C'est sur ces aires que l'on étale les vases des bassins pour les transformer en poudrette par la dessiccation à l'air libre, dessiccation favorisée par des manipulations diverses.

Dessiccation à l'air libre. — La mise à l'air libre de ces boues organiques, entassées depuis de nombreuses années dans les bassins, est probablement la source principale des miasmes morbides sinon des odeurs, car la dessiccation n'est complète qu'après émission de toute l'infection dont elles sont susceptibles. Le transport de ces dépôts, soit par des tombereaux en mauvais état, soit par des wagonnets, est inséparable d'un gâchis indescriptible.

En somme, les surfaces d'évaporation sont égales à la surface totale de la voirie, et il est impossible de circuler sur les chemins de l'enceinte sans se souiller jusqu'aux chevilles. Nous voilà revenus aux pratiques barbares de la voirie de Montfaucon. Cependant le concessionnaire de l'exploitation des bassins est tenu, comme les autres exploitants, par l'art. 7 de son cahier des charges, à n'employer que des procédés tels « qu'il ne se répande au dehors de la voirie aucune émanation gênante ou nuisible. »

Quant aux bassins où sont versées depuis plus de trente ans les vidanges dont ne s'emparent pas immédiatement les appareils spéciaux, ils occupent une superficie d'environ huit hectares sur une profondeur qu'on prétend de trois mètres.

Niveau variable des bassins (M. Lauth). — Conséquences. — M. Lauth en dit ce qui suit dans un rapport adressé, le 10 août 1876, au Conseil municipal au nom de la 6° commission :

« Le choix de la forêt de Bondy était déplorable : en dessous du terrain existe une nappe d'eau qu'on trouve constamment à une hauteur de un à deux mètres, d'où il résulte que l'eau surgit de toutes parts dans le fond des bassins, et qu'il est impossible d'arriver à dessécher les matières. La Préfecture de police et le Conseil de salubrité s'étaient rendu compte de ces inconvénients ; c'est contre leur avis et malgré leurs protestations que la voirie de Bondy fut créée. »

Il y a sept ans que ces paroles graves ont été adressées au Conseil municipal de Paris. Et les bassins de Bondy existent encore !

Une nappe souterraine, s'élevant et s'abaissant, suivant les saisons, pénètre dans les bassins, puis disparaît ; elle entraîne avec elle toutes les matières animales qui se présentent dans son champ d'action ; cette nappe d'eau transporte quelque part, hors de la voirie, les germes et les miasmes de toute nature qu'y ont déposés chaque année les 60,000 morts et les 500,000 |malades de Paris; et on laisse une de nos rivières d'alimentation venir à nous après avoir cotoyé les bassins meurtriers dont elle n'est séparée que par un rempart de terre glaise criblé de fissures !

Filtrations dans le lit de l'Ourcq. — Un grand nombre de ces fissures ne peuvent manquer de former des siphons communiquant avec le plafond de l'Ourcq. C'est en amont de Paris, sur un cours d'eau qui se dirige vers Paris, qui participe pour une grande part à l'arrosage de Paris et qui entre même dans l'alimentation de quartiers entiers, d'hôpitaux et de casernes, qu'on laisse subsister le dépôt des vidanges!

Les voiries ne doivent pas être placées en amont des villes. — Qu'une voirie, qu'un dépotoir, que des usines de transformation d'engrais humain soient nécessaires, nous le nions formellement, car tous les progrès accomplis ont prouvé qu'on ne touchera jamais impunément à cela.

Le système de l'usine de transformation est aussi absurde qu'odieux puisque le traitement des produits n'est possible que sur des vidanges riches : d'où il suit que l'usage de l'eau est entravé dans les maisons parisiennes au grand préjudice de la santé des habitants. L'hygiène et l'usine sont incompatibles. Les fabricants d'engrais ne peuvent soutenir la prétention de faire pousser nos récoltes et de nous aider à vivre en nous faisant mourir; non, une voirie n'est pas nécessaire.

Mais, s'il en fallait une, ce n'était pas en amont de Paris, sur le cours de l'Ourcq, qu'il fallait l'établir. Là moins que partout ailleurs.

Oui, « ce choix était déplorable, » comme l'établissait la 6ᵉ commission de 1876. Nous pensons avoir suffisamment développé cette vérité et démontré combien est incompréhensible le maintien de la voirie de Bondy. — Mais la 6ᵉ commission de 1876 n'est pas celle de 1882, et c'est à celle-ci qu'incombe devant la population la responsabilité d'avoir entraîné le vote déplorable dont nous montrons les effets.

IV

Usines de Bondy. — Occupons-nous maintenant de ce que nous appelons *les usines*.

Imaginez un vaste terrain couvert de hangars en ruine. Ici de longs pans de bois disjoints, des portes qui n'ouvrent ni ne ferment, des toits en planches pourries ou en toile crevée, des châssis sans vitres ; plus loin une vaste salle aux murs et aux toits en ruine ; plus loin des vestiges d'anciennes exploitations aux dispositions bizarres, car on ne saura jamais combien cette industrie a exercé l'imagination des hommes, combien d'appâts ont servi aux habiles ou aux rêveurs pour amorcer les gens affriandés par des dividendes de Golconde. Nous voyons ces bassins, ces canaux à demi démolis, ces turbines cassées, ces cylindres troués de rouille sans avoir à peine servi, ferrailles abandonnées sur place, témoins éloquents de la ruine de tant de gens.

Bravons les buées caractéristiques qui passent par tous les trous de ces immenses masures.

Voici un tuyau qui vomit dans les citernes de la Compagnie Parisienne et de la Compagnie Richer l'*apport* journalier du dépotoir de la Villette, provenant de la vidange des fosses fixes et complétant, avec les arrivages par bateaux, l'*apport* journalier à la voirie.

— « On ne passe pas ! » nous crie un monsieur.

Nous voilà donc réduit à contourner extérieurement les usines. Mais le soin que prennent ces protégés du Conseil municipal pour masquer leurs procédés ne nous empêchera pas d'en dire quelques mots. Il y a quinze ans que nous les connaissons.

Citernes. — Voici un hangar ouvert à tous les vents, occupé par de vastes citernes où se distribuent les apports journaliers liquides.

Filtres-presses, **Ébourbeurs**, **Distillation**. — Après quelques jours de repos, chaque citerne est décantée. La partie liquide passe à la distillation, les boues de fond sont livrées aux filtres-presses ou au four tournant. La distillation consiste à préparer les liquides par une défécation à la chaux dans un appareil accessoire, dit *ébourbeur*, puis à les élever au sommet de colonnes distillatoires identiques à celles des distilleries d'alcool. Les liquides tombent en pluie dans les colonnes, traversent un courant ascendant de vapeur qui entraîne l'ammoniaque dégagée et la dirige dans un bac de plomb rempli d'acide sulfurique. L'ammoniaque barbote à travers l'acide où elle abandonne en partie la vapeur qui lui a servi de véhicule pour se transformer en sulfate d'ammoniaque (Az $H^4O SO^3$), sel exporté principalement en Angleterre. Le bac d'acide sulfurique, étant suffisamment plein de sel, est vidé et rempli de nouveau pour être mis en communication avec une colonne de distillation.

C'est à la distillation en présence de l'acide sulfurique que M. A. Durand-Claye attribue les émanations les plus intolérables.

Évacuation défectueuse des résidus. — Les eaux résiduaires sont dirigées au dehors par une conduite en bois ouverte aboutissant au grand bassin découvert où se font les débardages. Les ébourbeurs sont vidés suivant le besoin. Leurs vases sont réunies à celles des citernes et menées aux filtres-presses, sorte de sacs soumis à l'action d'un courant de vapeur et de plateaux compresseurs, d'où elles sortent à l'état de gâteaux après avoir abandonné leurs liquides, qui vont rejoindre les eaux résiduaires des colonnes.

Four tournant dépourvu d'épurateur. — Quant aux boues destinées au four tournant, elles sont transportées dans un réservoir spécial d'où une pompe les élève dans l'appareil entre chaque opération qui s'appelle « chaude » ou « cuite ».

Le four tournant est un cylindre couché, tournant sur son axe, et traversé, suivant cet axe, d'un jet de flamme qui y pénètre par une base et s'échappe par la base opposée, pour aboutir à une courte cheminée et de là dans l'atmosphère.

Figurez-vous un vaste brûloir à café où le feu pénètre à travers le moka parfumé au lieu d'entourer l'enveloppe. Voilà le four tournant. Au bout d'un certain temps, la dessiccation est accomplie... et les chargements se succèdent. Le produit de cette fabrication est une sorte de terreau dépourvu de tout principe d'ammoniaque volatilisable, que l'on offre à l'agriculteur comme engrais, et que l'on accepte, paraît-il, pour tel. M. Ségowitz, l'inventeur du four tournant, avait ajouté à l'appareil un appendice épurateur pour atténuer l'empoisonnement des gaz pyrogénés émis par le cylindre.

Les exploitants ont supprimé cette coûteuse amélioration. Tel qu'il est, le four tournant est bien assez bon pour Bondy ; il en est peut-être l'élément le plus infect.

Séchoir. — Parlons pour mémoire d'un hangar *à jour* où l'on achève de dessécher à l'air libre certains tourteaux, comme les tanneurs dessèchent les mottes de tan ; et revenons, car il le faut, sur ces diverses opérations pour établir ce qu'elles ont de nuisible, après avoir constaté quel pas en arrière a fait cette industrie du fait de la fermeture de l'usine de Nanterre, quelque justifiée qu'ait pu être cette fermeture.

Conséquences nuisibles de ces opérations. — Nous classerons nos griefs par espèces :

      1° Clôture ;
      2° Bacs de réaction sulfurique ;
      3° Ébourbages et transport de boues ;
      4° Filtres-presses ;
      5° Eaux résiduaires ;
      6° Four tournant.

1° Nous savons bien que le cahier des charges ne renferme pas expressément l'obligation du traitement en vase clos. S'il n'y avait que des vases clos, nous n'aurions probablement rien à dire ; mais la moindre des précautions est-elle prise pour ne pas émettre dans l'air tous les gaz possibles ? En fait, et contrairement à ce qui doit se faire en pareil cas et à ce qui se faisait notamment à Nanterre, rien n'est clos à Bondy. Les entrepreneurs, protégés par une mansuétude inépuisable, semblent avoir fait la gageure d'infecter le plus possible les environs en dépit de leur cahier des charges.

2° Il n'est pas jusqu'aux bacs de réaction qui ne soient ouverts, et nous savons quelle infection dégage leur vapeur brûlante.

3° et 4°. Mais cette infection ne le cède en rien à celle que répandent les robinets d'ébourbeurs quand ils versent leur vase chaude dans les chariots ouverts que l'on traîne aux filtres-presses ou au four tournant, et les dépôts des citernes *pelletés, raclés et traînés en plein air* jusqu'aux appareils de dessiccation.

Le cahier des charges (titre III, art. 9) dit cependant : « Les gaz provenant du traitement à chaud des matières devront être brûlés, absorbés ou décomposés. »

5° Les eaux résiduaires qui s'échappent des divers appareils dont nous venons de parler s'écoulent chaudes et fumantes dans un grossier caniveau en bois ouvert qui, après un parcours de plus de 100 mètres, les verse dans un des bassins de l'ouest. Là elles se refroidissent en achevant d'émettre leur infection et celle de l'ammoniaque qu'elles renferment encore (0,6 p. °/₀ environ). A l'extrémité de ce bassin, c'est-à-dire environ 300 mètres plus loin, une pompe les aspire et les refoule dans l'égout départemental, qui les conduit à la Seine par Saint-Denis, en passant sous les murs de la maison de la Légion d'honneur.

Pourquoi ce procédé d'évacuation ? Pourquoi ce long parcours et cette stagnation prolongée d'eaux qui pourraient être versées di-

rectement par une conduite fermée sur les clapets de la pompe de refoulement? Il est possible qu'ayant été soumises à une défécation plus ou moins complète et à une température de 100 degrés, ces eaux aient perdu une partie de leurs germes nuisibles, mais elles dégagent en. abondance des sulfhydrates mélangés à la vapeur épaisse qui couvre leur surface, et qui répand une cdeur intolérable. Cependant le cahier des charges spécifie que « les eaux résiduaires ne devront ni être acides, ni dégager de l'acide sulfhydrique ou des sulfhydrates. »

6° Ce que nous avons dit du four tournant suffit à prouver que cet appareil est l'une des principales causes d'infection. Il est à remarquer que le four tournant dessèche et ne torréfie qu'imparfaitement : on trouve en effet dans les produits du four des lambeaux d'étoffes conservés, des allumettes noircies mais non consumées. Il est donc évident que cet engin est non seulement infect au premier chef, mais qu'il émet dans l'atmosphère sans altération les germes morbides recélés par les dépôts qu'on y verse, et que l'usage de cet appareil constitue la violation la plus grave de l'obligation de brûler, absorber ou décomposer les gaz produits par le « traitement à chaud des matières. (Titre III, art. 9, du cahier des charges). »

V

Prix des concessions de Bondy. — Il n'est pas inutile que l'on sache à quel prix les concessionnaires de Bondy ont obtenu la faveur de se livrer aux funestes exploitations au milieu desquelles nous avons dû promener le lecteur.

Les bassins ont été vendus à M. Bilange moyennant 200,000 francs payables en trois années.

Les autres locations sont fixées à douze années et sont cédées :

1° A la Compagnie Parisienne moyennant 18,000 francs par an.

2° A la Compagnie Lesage moyennant 5,000 francs par an.

3° A la Compagnie de Vidanges à vapeur moyennant 2,000 francs par an.

25,000 francs de revenus pendant douze ans, 66,666 francs pendant trois ans, voilà le prix auquel on a coté l'empoisonnement de Paris et de sa banlieue du nord et de l'est. On a voulu se faire une ressource des vidanges, au lieu de les considérer comme une charge.

Il est vrai que l'adjudicataire fortuné des bassins a bien voulu abandonner un procès dont le désistement était subordonné à la vente des matières qu'il exploite.

Quelques francs gagnés à la Ville, le procès d'un vidangeur évité, le bonheur de la corporation accompli, voilà les considérations que le Conseil municipal a trouvées plus sérieuses que celles de la santé publique. M. Vauthier et ses dix-sept collègues avaient vraiment mauvaise grâce à proposer la suppression radicale de la *calamité* par le remblaiement pur et simple des bassins et le traitement de la vidange par la Ville elle-même.

La grève des vidangeurs n'est pas à craindre. — On a dit que, dans l'état actuel de la question, l'existence des bassins de Bondy est une nécessité ; il fallait, paraît-il, prévoir les cas où les transformateurs, obstructionnistes d'un nouveau genre, se mettraient en grève et compromettraient toute l'économie du système. Raison spécieuse que l'honorable M. Vauthier s'est chargé de détruire dans l'énoncé de la proposition que nous avons déjà citée et que voici dans son texte :

« ART. 1ᵉʳ. Tant qu'il y aura nécessité pour la Ville de Paris d'expédier à Bondy des matières de vidange, la Ville les exploitera elle-même comme service municipal en observant les règles de la salubrité, et restant seule responsable vis-à-vis des tiers.

« ART. 2. Quant au stock existant, il sera décanté avec le moins d'agitation possible, et les bassins remblayés en terre après un temps suffisant de dessiccation. »

Les craintes des grèves n'eussent-elles pas été anéanties par ces mesures de propreté et de salut?

La Ville de Paris a le devoir d'exploiter, même à perte. — On objectait que « la Ville se ferait ainsi industrielle et fabricante de sulfate d'ammoniaque, que ce serait une situation impossible, car, avec la concurrence privée, elle ne pourrait vendre ce qu'elle aurait fabriqué.

Sa mission n'est-elle donc pas de faire intelligemment les sacrifices voulus pour le bien-être des populations?

Et le premier de ces sacrifices, n'est-il pas celui qui protégera l'hygiène publique? Or, nous l'avons prouvé, les exploitations de Bondy empoisonnent Paris d'une façon spéciale et exceptionnelle, par l'air et l'eau. Le maintien de la voirie de Bondy est donc une mesure mauvaise à tous les points de vue.

Limites de l'empoisonnement par l'eau. — L'empoisonnement par les eaux s'étend non seulement dans la proportion de l'usage des eaux de l'Ourcq amenées à Paris, mais encore par les failles du bassin glaiseux de Bondy dans les puits de la région. Il ne nous a pas été donné de déterminer, en ce qui concerne cette infection souterraine, les limites de l'action nuisible des bassins municipaux ; mais il n'est pas un médecin ou un géologue qui ne soit prêt à affirmer la possibilité des infiltrations de matières organiques dans les puits; et nous sommes surpris que les administrations préfectorales n'aient pas appelé sur ce point l'attention des commissions d'hygiène, et n'aient pas prescrit l'analyse de ces eaux au point de vue des ferments et des microbes.

Limites de l'empoisonnement par l'air. — Quant à l'empoisonnement par l'air, il est plus facile d'en déterminer les limites, c'est-à-dire la région où les émanations de Bondy sont les plus appréciables aux sens. Tracez autour des bassins un cercle de dix à douze kilomètres de rayon (moyenne onze kilomètres), vous circonscrirez ainsi, d'une part, une zone comprenant dans Paris le 19ᵉ et le 20ᵉ arrondissement, la moitié des 10ᵉ, 11ᵉ et 18ᵉ et une portion du 12ᵉ, le tout comprenant une population d'environ 600,000 âmes, d'autre part, une vaste région suburbaine contenant 52 villes ou villages et 200,000 habitants. La population empoisonnée par les odeurs de la voirie s'élève donc à 800,000 individus, et nous prions de remarquer que nous nous contentons d'un minimum. Nous en avons la preuve sous les yeux dans un dossier consignant les plaintes officielles des 52 municipalités intéressées, et par les nombreux témoignages des habitants des arrondissements de Paris infectés.

Bondy générateur d'épidémies. — Mais ce n'est pas à douze kilomètres de rayon que Bondy borne son action nocive. Bondy est un foyer d'infection dans toute l'extension du terme, c'est-à-dire un centre de culture et de rayonnement de germes dont l'action directe se borne peut-être à douze kilomètres, abstraction faite de l'empoisonnement par les eaux, mais dont l'action indirecte se propage nécessairement par approche et par création de centres secondaires, à la façon des épidémies asiatiques dont les centres, quelque circonscrits qu'ils soient, rayonnent à travers les mers et les continents, grâce aux relations internationales. Ici la chose est plus vraie que partout ailleurs, puisque nous sommes au confluent des communications les plus actives avec la France et l'étranger. Que le choléra asiatique, par exemple. aborde en France par un des mille moyens qu'il est plus facile de prévoir que de combattre... quelques jours après, grâce au système des vidanges parisiennes, les germes entrent en pleine culture dans les bassins de Bondy. Est-il possible de prévoir où s'arrêteront les forces de la propagation?

Le choléra lui-même a moins d'actualité que les épidémies parisiennes dont on dresse journellement la statistique. On prétendra, que dis-je, on a prétendu que telle ou telle de ces épidémies ne se transmet pas par les déjections.

Des conseillers municipaux de la Ville de Paris ont dit « qu'ils ne connaissaient pas un seul cas de variole transmise par les matières fécales et qu'il ne fallait pas laisser propager de telles erreurs scientifiques. » (*Séance du 30 mars 1882.*)

Ils sont donc bien sûrs que le virus varioleux ne tapisse pas les muqueuses intestinales comme il tapisse la peau? Il est pourtant des médecins que nous avons consultés et qui n'ont pu rien affirmer à cet égard. Cependant les squammes varioleux passent pour être l'élément de la propagation de la maladie, et les soins de lavage et de nettoyage peuvent et doivent introduire ces germes dans les fosses d'aisance, d'où on les jette à la culture des bassins de Bondy.

Si, dans ces vastes espaces, tous ces êtres microscopiques dans leur unité et monstrueux par leur nombre, périssent ou vivent, s'entredévorent ou se multiplient, nous l'ignorons ; mais on ne niera pas que notre devoir est de tout craindre, car aucun milieu de fermentation n'est plus propice que d'immenses bassins insondables enrichis journellement par des apports nouveaux, et toujours pleins depuis vingt ans.

On ne niera pas que ce danger prend des proportions encore plus formidables dans les bassins dont on excite la fermentation en y projetant des eaux résiduaires chaudes.

Raisonnons donc sur cette hypothèse et voyez votre entrepreneur extraire ces choses, les étaler à l'air, rendre aux squammes leur pulvérulence primitive grâce à laquelle, au gré des vents, ils se répandent dans l'atmosphère pour y poursuivre leur funeste besogne ; voyez les fissures de vos bassins introduire dans le cours de l'Ourcq ces germes qui retournent dans la ville qui les a expulsés, et qui perpétuent l'épidémie, soit qu'on boive de ces eaux empoisonnées, soit qu'après le lavage des rues on respire l'air contaminé qui a balayé les chaussées et les trottoirs.

Si les éléments toxiques contenus dans l'air de Bondy n'y existaient qu'en nombre inférieur à ce que l'oxygène peut en détruire, il y aurait lieu d'estimer que l'infection aérienne est atténuée. La crémation produite pendant les transports des miasmes de la voirie dans les ondes de l'atmosphère nous permettrait de respirer un air certainement appauvri, mais au moins épuré de ceux des microbes que l'oxygène tue. Mais il n'en est pas ainsi à beaucoup près. Les vents du nord à l'est qui passent à travers les émanations de Bondy parcourent une plaine déboisée, dans laquelle aucun frottement, aucun battage ne contribue à l'oxydation des germes, et apportent à Paris les principes nuisibles dans la presque intégralité de leurs masses innombrables.

Ces principes attaquent l'organisme par les voies respiratoires ou par les voies digestives ; cela importe à connaître en thérapeutique ; mais, au point de vue qui nous concerne, c'est tout un : si l'air de Bondy nous apporte des ennemis de nos poumons, ne serait-ce que l'un des gaz toxiques de la fabrication, l'attaque est directe ; si l'adversaire ne peut s'adresser qu'aux muqueuses de nos intestins, l'empoisonnement procède à peu près de la même façon, car le germe se dépose sur nos aliments, se loge dans les replis et les papilles de la bouche, vestibule commun du larynx et de l'œsophage où la victime l'introduit elle-même par l'absorption de la nourriture et par la succion de la salive.

VI

Avis de M. Pasteur. — L'année dernière, avant l'accomplissement du vote néfaste du 29 mars 1882, nous avons eu l'honneur d'être reçu chez M. Pasteur ainsi que M. Clémencet, l'un des principaux représentants des intérêts suburbains dans le comité de résistance à la voirie de Bondy.

M. Pasteur nous retint longtemps et conserva la réserve qui donne tant d'autorité à la moindre de ses affirmations ; il nous parla des faits acquis à la science, des faits encore douteux, de ses travaux accomplis, de ses travaux en cours ; et il termina par ces mots :

« Quoi qu'il en puisse être, l'exploitation de la voirie de Bondy ne peut que constituer un danger. L'exhumation des dépôts me paraît surtout périlleuse ; il vaudrait mieux les combler. »

En est-ce assez ?

Après de telles paroles, qu'ajouter à notre plaidoyer ?.....

Cependant nous avons encore quelque chose à dire.

On a prétendu que la statistique est une science facile à torturer ; on reconnaîtra du moins qu'elle se base exclusivement sur des chiffres réalisés, et que, dès lors, entrée dans le domaine inviolable de l'histoire, elle 'échappe aux contradictions de la 6ᵉ commission Gamard-Deligny.

La variole et la voirie de Bondy en 1869-1870. — En 1870, le 12 avril, M. le docteur Amédée Tardieu, dans une communication à la Société météorologique de France, disait que les vents du nord et du nord-est sont plus dépourvus d'ozone que ceux du sud et du sud-ouest, et coïncident généralement à Paris avec des épidémies. Frappé de cette coïncidence, nous prîmes texte de l'épidémie variolique qui a sévi à Paris de l'automne de 1869 au printemps 1870, *durant une prédominance des vents du nord-est*, et nous recueillîmes les chiffres officiels des décès varioliques de cette période pour chaque arrondissement de Paris.

En voici le tableau :

Pour 10,000 habitants :

10 décès et au-dessous :
1ᵉʳ, 2ᵉ, 3ᵉ, 5ᵉ (centre), et 16ᵉ (ouest),
10 décès à 12 1/2 :
4ᵉ, 6ᵉ (centre), 8ᵉ et 9ᵉ (nord-ouest), 15ᵉ (sud-ouest).
12 décès 1/2 à 15 :
7ᵉ (sud-ouest) ; 13ᵉ (sud-est).
15 décès et au-dessus :
10ᵉ, 11ᵉ, 19ᵉ, 20ᵉ (nord-est), 17ᵉ et 18ᵉ (nord), 12ᵉ (est), 14ᵉ (sud).

Ce relevé était saisissant.

D'une part, les sept arrondissements du nord, du nord-est et de l'est avaient été les plus frappés, malgré l'apparence de conditions hygiéniques favorables; d'autre part, les vents du nord à l'est, assainis pourtant par les vastes forêts qu'ils ont traversées, se montraient plus

malsains que ceux du sud à l'ouest, les vents de la Beauce et de la
Sologne. Il y avait bien au sud de Paris le 14ᵉ arrondissement qui figu-
rait parmi les plus atteints, mais cette anomalie s'expliquait par l'établissement d'un grand dépôt d'enfants malades dans cet arrondissement.
Nous n'hésitâmes pas à soumettre notre observation à M. Tardieu en
lui faisant remarquer qu'à sept kilomètres de l'enceinte de Paris, à dix
kilomètres de la gare de l'Est et de la place du Château-d'Eau, au bout
d'une plaine nue où les vents circulent sans obstacle, se trouve la voirie
de Bondy dont les vastes bassins, les étendages et les pourritures pourraient être pour quelque chose dans la mortalité des quartiers du
nord-est.

« Les vents du nord à l'est ont prédominé pendant l'épidémie,
ajoutions-nous ; ces vents se sont appauvris, en passant sur la voirie
de Bondy, de l'ozone dont ils s'étaient chargés dans les forêts. Pour
quelle autre cause seraient-ils plus meurtriers que les autres ? »

M. le docteur Amédée Tardieu nous répondit :

« Votre cause est éminemment juste, pour la santé de deux millions
de personnes. Courage, vous arriverez ! »

Et nous sommes arrivés... à voir augmenter le mal dans des proportions épouvantables par une administration aveuglée.

Les vents du Nord à l'Est et la mortalité parisienne.
— Nous ne nous étions cependant pas contenté de la variole de 1869-70,
comme argument devant le Conseil municipal de Paris. Nous avions
mis sous ses yeux un autre rapprochement statistique, celui des décès
de Paris et de la direction des vents pendant les dix annnées de 1871
à 1880.

En voici les chiffres :

ANNÉES	N	E	S	O	N à O	S à E	S à O	N à E	Variables	DÉCÈS
1871	30	13	12	42	83	25	96	53	11	86.810
1872	16	4	41	29	58	55	127	26	10	39.550
1873	31	19	30	36	56	20	94	51	28	41.744
1874	18	14	25	18	71	31	101	60	29	40.801
1875	16	20	11	6	84	42	92	73	21	45.554
1876	7	12	22	18	85	30	118	74	»	48.489
1877	10	10	18	17	92	19	132	52	15	47.509
1878	11	17	19	14	85	35	105	52	27	47.761
1879	10	6	7	7	79	22	111	89	34	50.622
1880	35	5	40	19	20	27	106	93	20	57.545
	184	120	225	206	713	306	1082	623	195	506.385

Ce tableau démontre les points suivants :

1° Contrairement à la doctrine qui a principalement déterminé le choix de l'emplacement de la voirie municipale, les vents du nord à l'est ont occupé le troisième rang pendant les années considérées.

2° Une corrélation remarquable existe entre l'augmentation ou la diminution des décès et l'augmentation ou la diminution des vents du nord à l'est, *qui sont les vents de Bondy*. A l'exception de l'année 1874, il y a eu, non pas proportionnalité, mais simultanéité entre l'augmentation et la diminution de ces vents et les décès de toute sorte.

La majorité du Conseil n'a pas été ébranlée par l'ensemble de ces documents convergeant tous vers la même conclusion.

La fièvre typhoïde et la voirie de Bondy. — Revenons à M. Amouroux et à ses attaques contre le comité de résistance à la voirie de Bondy, dans la séance du 29 mars 1882.

« Ce comité vous soumet, disait-il, une carte relative à la propagation de l'épidémie variolique en 1865-70. Pourquoi n'a-t-il pas pris les dernières années et a-t-il remonté à dix ans en arrière ? »

Que M. Amouroux soit satisfait.

Prenons l'année 1882.

Et considérons l'épidémie typhique qui a enlevé 3,167 habitants.

Divisons la surface de Paris en cinq régions :

1° Le N.-E. (10e, 11e, 18e, 19e, 20e arrondissements.)
2° Le S.-E. (5e, 12e, 13e arrondissements.)
3° Le S.-O. (7e, 14e, 15e arrondissements.)
4° Le N.-O. (8e, 9e, 16e, 17e arrondissements.)
5° Le centre (1er, 2e, 3e, 4e, 6e arrondissements.)

La carte que voici représente la configuration de Paris et de ses arrondissements, groupés suivant les divisions ci-dessus par région.

La voirie de Bondy, est placée exactement au point indiqué par l'échelle et par l'orientation.

Chacune des cinq régions est teintée proportionnellement au nombre des décès typhiques qui lui correspondent.

LA FIEVRE TYPHOIDE ET LA VOIRIE DE BONDY

DÉCÈS TYPHIQUES DE PARIS EN 1882

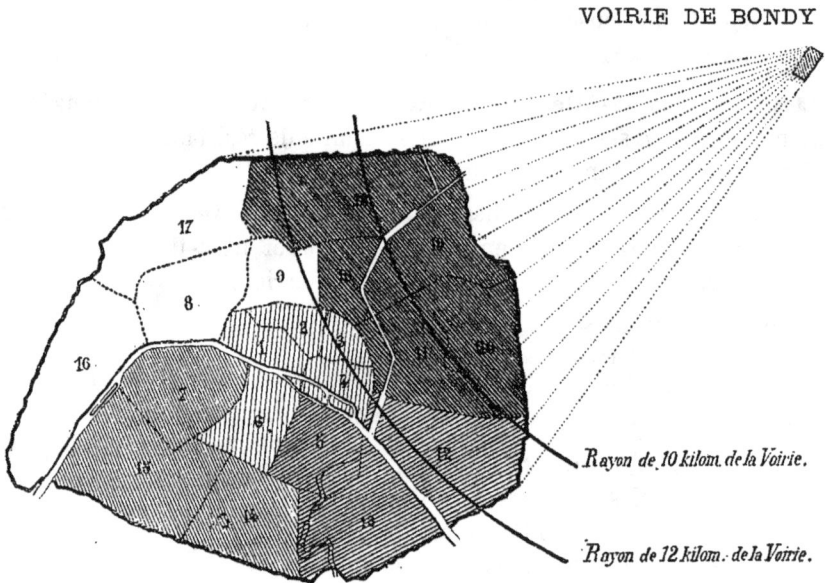

VOIRIE DE BONDY

Rayon de 10 kilom. de la Voirie.

Rayon de 12 kilom. de la Voirie.

Population par hectare.		Décès par 10,000 habitants.
351	Région du Nord-Est	16,17
213	Région du Sud-Est	14,87
173	Région du Sud-Ouest	14,21
237	Région du Nord-Ouest	12,21
580	Région du Centre	13,75

Tout commentaire de cette carte est inutile.

Il est clair que le voisinage de la voirie municipale dont le rayonnement étreint Paris depuis la porte de Saint-Ouen jusqu'à celle de Saint-Mandé, influe d'une manière funeste sur la mortalité des arrondissements qui en sont les plus rapprochés.

Si l'on considère suivant les mêmes procédés la maladie de la variole, on trouve ce qui suit :

Nord-Est....... 4,42 décès par 10,000 habitants.
Sud-Est........ 4,18 » » » »
Sud-Ouest ..... 2,00 » » » »
Nord-Ouest..... 1,15 » » » »
Centre......... 1,47 » » » »

Ce qui se représenterait exactement par le graphique ci-dessus.

L'étude de la diphtérie, qui, en 1882, a fait 2,234 victimes à Paris, donnerait des résultats analogues.

VII

Le Comité de résistance à la voirie de Bondy devant le Conseil municipal, le 29 mars 1882. — M. le Rapporteur de la 6ᵉ commission du Conseil municipal s'exprimait ainsi le 21 décembre 1881 pour arriver aux propositions votées le 29 mars suivant :

« La première question qui se posait devant notre 6ᵉ commission était celle de l'existence même de la voirie de Bondy.

« Fallait-il la supprimer ? Fallait-il, au contraire, en continuer l'exploitation ?

« Des plaintes nombreuses ont été formulées contre le maintien du dépotoir municipal, et un comité de résistance, présidé par M. Allain-Targé et comprenant dans son sein des conseillers généraux de la Seine et de Seine-et-Oise, s'est formé pour en obtenir la suppression. Ce comité a fait faire de sérieuses études et de nombreuses publications qui ont ému dans une certaine mesure l'opinion publique.

« Votre 6ᵉ commission, après s'être rendu compte de ce que peuvent avoir de fondé ces diverses réclamations et avoir reconnu que l'état actuel de la voirie de Bondy est *une véritable tache* pour une administration comme celle de la ville de Paris, aurait désiré pouvoir, comme les pétitionnaires, conclure à la suppression de la voirie. Mais comment y arriver? Ni la commission, ni l'administration, ni les pétitionnaires eux-mêmes n'indiquent de solution. Tous sont unanimes sur un point : l'urgence de la transformation de ce service; aucun n'indique un moyen pratique de l'opérer immédiatement. »

Invité par la 6ᵉ commission à lui présenter ses observations, le comité de résistance fit tenir à chaque conseiller une brochure combattant le projet Gamard et concluant par les propositions dont voici le résumé :

« **Ses propositions**. — 1° Tout dépotoir doit être placé à 30 kilomètres au moins du centre de Paris.

« 2° La ville de Paris, si elle a des vidanges à sa charge, les exploitera elle-même en observant les règles de la salubrité et en restant seule responsable vis-à-vis des tiers (voté par la minorité des 17).

« 3° Les bassins seront décantés puis comblés (voté par les 17).

« 4° Le Conseil se transportera à Bondy pour se rendre compte de l'état des choses. »

On ne pouvait plus nous reprocher d'être muets sur les moyens de remédier au mal. La déférence que l'on devait au nom de M. Allain-Targé aurait au moins dû déterminer le Conseil à surseoir à toute délibération jusqu'après une visite générale à la voirie de Bondy. Mais les vidangeurs attendaient et le vote fut emporté.

Aujourd'hui, après une année d'épreuve, le Conseil peut mesurer les conséquences de sa décision. Le moment est donc opportun pour remettre l'affaire sous ses yeux et pour édifier l'opinion publique.

Nous voulons même entrer dans quelques développements sur les propositions de M. Allain-Targé et sur l'amendement Vauthier.

Le régime de l'avenir. — Quel sera un jour le régime adopté pour le traitement des vidanges ?

Sera-ce le *tout à l'égout*, le *tout à l'usine*, ou bien tout autre système ?

Le tout à l'usine. — Le *tout à l'usine* est présenté dans sa forme la plus pratique et la plus ingénieuse par M. Berlier, qui, après une application d'une certaine importance faite à Lyon, a obtenu l'essai de son système sur quelques immeubles de Paris, notamment à la caserne de la Pépinière. Les fosses sont remplacées par des caisses en tôle étanches surmontées d'un panier-filtre. Dès que la caisse est pleine, elle se déverse dans une conduite où existe un vide barométrique produit par des machines placées à l'extrémité de cette conduite. C'est quelque chose d'analogue au transport souterrain des dépêches par le tube pneumatique. Les produits sont ensuite refoulés soit dans l'usine qui les transforme en sulfate d'ammoniaque et en engrais pulvérulent, soit à l'égout, ainsi que cela se pratique à l'établissement que possède M. Berlier, à Levallois.

Le système exige l'emplacement du point de succion en aval.

La ville de Paris compte autoriser M. Berlier à étendre le périmètre de ses opérations; mais les produits amenés à l'usine d'aspiration seront toujours refoulés soit à l'égout collecteur, soit aux pompes de Clichy; rien ne sera envoyé à une usine de transformation. Dans ces conditions, le système pneumatique peut être employé comme complément de l'égout ordinaire pour desservir certains quartiers où la pente ne se prête pas suffisamment à l'écoulement direct dans l'égout de la rue. Le système Berlier devient ainsi une forme nouvelle du *tout à l'égout*.

Le tout à l'égout. L'épuration par le sol. — Le *tout à l'égout* qui a rendu célèbre le nom de Durand-Claye, l'auteur des travaux de Gennevilliers, est patronné par l'Administration de la Seine; il est recommandé par la grande commission municipale de l'assainissement saisie de la question par le Préfet de la Seine et par la société de médecine publique.

Il n'est pas difficile de prévoir que c'est là le système de l'avenir.

Les fosses fixes ou mobiles et les tinettes-filtres auront disparu du sous-sol parisien : on ne verra plus dans nos rues ces lourdes, bruyantes et infectes voitures qui nous incommodent jour et nuit ; plus de ces gros tuyaux qui barrent les trottoirs, plus de ces opérations nocturnes qui nous empoisonnent au travers des fenêtres les mieux closes. Tout se passera dans le mystère des égouts qui précipiteront ce qu'expulse la ville vers les collecteurs. De là les immondices, noyées dans deux cents fois leur volume d'eau, seront refoulées dans des réservoirs, puis répandues sur de vastes terrains sablonneux, situés sur les rives de la Seine en aval de Paris. Absorbées par ces terrains, les eaux d'égout y subiront un filtrage et une nitrification, qui les rendront à la Seine épurées, inoffensives et potables. La rivière cessera d'être un cloaque ; et, comme la banlieue de Londres, celle de Paris deviendra enfin habitable pour les parisiens, quel que soit le but qu'ils recherchent, le bien-être ou l'économie. Plusieurs grandes villes d'Europe n'ont pas d'autre procédé, et les essais déjà grandioses faits par M. Alfred Durand-Claye à Gennevilliers ne laissent aucun doute à ce sujet.

Ce serait la plaine d'Achères, à 18 kilomètres au nord-ouest de Paris, qui serait choisie pour champ d'épuration et d'irrigation. Si, comme le prétendent les détracteurs du système, les terrains arrosés venaient à perdre leur propriété filtrante, la conduite serait prolongée suivant les terrains et les circonstances. Des concessions seraient affectées à la culture de la région : des demandes de concessions seraient déjà déposées.

Vœu de l'Académie de médecine. — Ainsi le système actuel, que M. le professeur Trélat appelle énergiquement *croupissement*, sera remplacé par *la circulation*, et l'Académie de médecine obtiendra l'accomplissement du vœu qu'elle a exprimé au mois de juin dernier : « que le réseau des égouts soit terminé le plus tôt possible. »

Objections au système du tout à l'égout. — On a présenté au système des ingénieurs de la Ville des objections graves :

1° Vous créez une nouvelle voirie deux ou trois fois plus éloignée, il est vrai, que les voiries actuelles, mais c'est une voirie avec tous les inconvénients des émanations et de la pestilence.

2° En temps de gelée, vos irrigations ne pourront fonctionner et vos eaux d'égout s'écouleront impures dans la Seine.

3° Vos terrains irrigués seront rapidement saturés et vos drains ne rendront alors au fleuve que des eaux impures.

4° Vous empoisonnez les égouts.

Réponse des ingénieurs. — A ces critiques les ingénieurs ont répondu fort longuement et fort savamment ; le cadre de notre modeste travail ne comporte pas la relation de cette polémique ; mais nous pouvons dire pour le moins que l'apôtre de l'irrigation, M. Durand-Claye, a victorieusement répondu.

1° Non, a-t-il dit, les champs d'irrigation ne seront pas plus des voiries infectes que ceux de Gennevilliers et de toutes les villes qui nous montrent l'exemple, ce qui s'explique par l'immense proportion d'eau qui noie les déjections, par le volume considérable d'air qui les oxyde et anéantit leurs germes en les nitrifiant.

Si les irrigations de Gennevilliers, placées à un kilomètre des fortifications, n'incommodent pas la capitale, celles d'Achères ne gêneront pas Paris qui en sera éloigné de 18 kilomètres, ni même Saint-Germain, qui en sera à 8 kilomètres au sud.

Ce sont les capitales dotées du « tout à l'égout » et du système de l'épuration qui présentent la mortalité la plus faible.

2° Quant à la gelée, il n'y a rien à craindre, ainsi que le démonter l'essai de Gennevilliers. Les eaux d'égout ne gèlent jamais ; elles empêchent, même par les plus grands hivers et jusqu'à une longue distance, la congélation de la partie droite de la Seine où elles s'écoulent actuellement.

Sous la couche de neige qui pourrait couvrir le champ d'irrigation, les eaux circuleront relativement chaudes.

3° Le colmatage des terrains ne sera jamais à craindre, car on pourra porter les eaux aussi loin que l'on voudra vers l'aval ; la culture en est avide.

4° Enfin, nous n'empoisonnerons pas les égouts qui, grâce à la circulation et à la ventilation abondantes, n'incommoderont jamais les habitants ; il est d'ailleurs prouvé que ce sont les quartiers les mieux pourvus d'égouts qui sont les plus sains.

Conclusions de l'Académie de Médecine conformes à celles du Comité de résistance et de M. Vauthier. — L'Académie de Médecine ne s'est pas bornée à des vœux d'une réalisation malheureusement trop lointaine. Dans ses séances d'avril, mai et juin 1883, elle a adopté les conclusions d'une commission composée de MM. Hardy, Léon Colin, Fauvel, Bergeron et Rochard, conclusions où nous relevons ce qui suit :

« La mortalité de Paris s'est accrue d'un cinquième depuis dix ans par suite de l'augmentation progressive du nombre des décès dus aux maladies infectieuses et, en particulier, à la *fièvre typhoïde*. Cette augmentation elle-même a été déterminée par un ensemble de mauvaises conditions hygiéniques qu'il est possible de faire disparaître ou tout au moins d'atténuer dans de très fortes proportions. Nous citerons dans ce nombre :

. . . . , ...

« 4° La présence, autour de Paris, de dépotoirs et de dépôts de voirie beaucoup trop rapprochés de la ville, et dans lesquels toutes les précautions indiquées par la science et prescrites par les règlements ne sont pas prises.

« 5° La mauvaise qualité des eaux de l'Ourcq, de la Seine et de la Marne, qui entrent pour les deux tiers dans l'approvisionnement de Paris et qui n'ont pas la pureté nécessaire pour servir à l'alimentation. »

Nous voilà exactement revenus aux propositions que formulaient M. Allain-Targé au nom du comité de résistance, puis M. Vauthier et ses dix-sept collègues.

Espérons qu'enfin le Conseil municipal de Paris et l'Administration de la Seine sentiront que leur responsabilité est engagée.

L'Académie de Médecine, constatant que la mortalité s'est accrue d'un cinquième en dix ans par l'augmentation des maladies infectieuses, avertit que cet état de choses est dû à des causes remédiables et dit :

« Éloignez les dépotoirs.

« Faites-y observer strictement l'exécution des mesures prescrites pour que leurs émanations ne puissent nuire ;

« Supprimez l'usage alimentaire des eaux de l'Ourcq, de la Seine et de la Marne. »

Voilà des réformes nécessaires et réalisables dès aujourd'hui.

VIII

Questions que soulève l'éloignement de la voirie. — Sans attendre la lointaine échéance des projets définitifs en étude depuis tant d'années, développons aussi brièvement que possible ce qui nous paraît désirable pour donner satisfaction à la minorité du conseil municipal, aux savants et aux justes réclamations du public.

L'éloignement de la voirie municipale soulève deux questions principales : celle de la dépense, celle de l'innocuité.

Question de la dépense. Arguments qui la combattent. — La question de la dépense est sans doute celle qui prédomine aux yeux de l'Administration de la Seine ; pour nous c'est l'affaire secondaire, et nous estimons que la masse des contribuables-électeurs, c'est-à-dire tout le monde, sera de notre avis.

Que dirait-on si la voirie était encore à Montfaucon, comme au temps où Paris n'avait que sa population du xviii° siècle, au temps où Montmartre, Belleville, Vaugirard, Auteuil, etc.. étaient des villages détachés, où les localités voisines étaient des bourgades presque inconnues ou n'existaient même pas ? Que dirait-on ?

Extension de Paris. — Eh bien ! aujourd'hui l'enceinte parisienne est enrichie de huit arrondissements, la population est quintuplée, et des lignes continues d'habitations nous relient aux hameaux devenus des villes.

Cent mille chefs de familles parisiennes ont leurs foyers dans la banlieue, à vingt kilomètres à la ronde ; la zone suburbaine a littéralement débordé les voiries et les usines infectes qui en sont devenues de véritables enclaves.

On tolère cela. Bien mieux on entretient la plus monstrueuse, la plus nuisible de ces usines, celle qui porte le nom de Paris, celle dont Paris est le propriétaire, et on la maintient à notre porte, presque au milieu de nous.

Mortalité comparée de Paris et des autres grandes villes de l'Europe. Mortalité générale. — En voici les conséquences ressortant des bulletins de statistique du docteur Bertillon.

MORTALITÉ PAR 10,000 HABITANTS EN 1882.

Paris...	268
Berlin..	263
Copenhague..............................	257
Glasgow.....................................	250
Turin..	247
Magdebourg...............................	247
Hambourg..................................	244
Stockholm..................................	234
Rome..	229
Bruxelles....................................	228
Londres......................................	215
Christiania.................................	209
Edimbourg..................................	191
Genève.......................................	159

Ces villes sont soumises au régime du *tout à l'égout ;* Paris, le beau Paris, qui ne l'est pas encore, représente le plus nombreux nécrologe.

Un grand nombre de villes d'importance diverse donnent lieu à des observations analogues, notamment en Ecosse et en Angleterre où la loi de 1876 autorise la projection dans les cours d'eau des eaux d'égout épurées.

Si nous considérons la mortalité générale annuelle de Paris comparée à celle des deux capitales les plus rapprochées, Londres et

Bruxelles, dotées l'une et l'autre du *tout à l'égout* nous tirons de l'ouvrage déjà cité de M. Durand-Claye les chiffres suivants :

MORTALITÉ GÉNÉRALE ANNUELLE PAR 10,000 HABITANTS.

Paris de 1865 à 1879 (1)................... 251.5
Londres de 1870 a 1879.................. 230
Bruxelles de 1872 (2) à 1880.............. 234

Mortalité typhoïque. — Veut-on comparer les décès typhoïques de ces trois capitales pendant les mêmes périodes, nous aurons :

MORTALITÉ TYPHOÏQUE ANNUELLE PAR 10,000 HABITANTS.

Paris de 1865 à 1879...................... 5.60
Londres de 1869 à 1879.................... 2.64
Bruxelles de 1872 à 1880.................. 4.26

En 1880, la mortalité typhoïque de Paris a été de 14.4.

Hambourg, Dantzig, Berlin et toutes les autres villes présentent les mêmes exemples d'amoindrissement de la mortalité générale et de la mortalité épidémique depuis la généralisation de leurs égouts.

Ce qui arrête le Conseil municipal est une question de dépense.

On nous répondra que le budget est épuisé, que l'on a des obligations coûteuses, qu'il faut des entretiens luxueux, des monuments, des percements, des créations de tous genres.

Cependant, en 1880, le budget des recettes et des dépenses ordinaires était de 446 millions avec un excédent de recettes de 22 millions.

D'ailleurs le pont d'or que l'on a fait aux locataires de Bondy ne coûte pas moins de 200,000 francs par an, pour un revenu de 91,666 fr. pendant trois ans, et de 25,000 francs pendant 12 ans.

Quelle logique !

Si nous consentons à admettre l'existence d'un dénuement si absolu, si nous vous accordons que Paris est si pauvre, qui pourra jamais croire qu'un projet d'éloignement des voiries sérieusement élaboré ne trouverait pas le gouvernement disposé à y concourir?

On fait de Paris ce qu'en écrivait Siebecker en 1882 :

« C'est par centaines qu'on jette les millions pour faire de plus en plus belle la capitale de la France, et, à deux pas d'elle, on voit Bondy.

« Une souveraine drapée de pourpre, ruisselante d'or, éblouissante de diamants, qui reçoit avec une hideuse tinette à ses côtés et renverse asphyxiés tous ceux qui l'approchent.

(1) Sans tenir compte des années 1870 et 1871 (Guerre et Commune).
(2) Exécution du collecteur.

« C'est une honte ! Mais en outre, c'est un crime ! »

L'éloignement des usines de vidange est possible à tous les points de vue. — Que faut-il cependant de millions pour effectuer le transfèrement de vos usines de vidanges à distance respectueuse ?

— Beaucoup moins que l'on n'en économise en une seule année.

Nous dira-t-on que la voirie de Bondy n'est pas la seule usine d'engrais humains ? que des industries privées sont à la tête d'établissements analogues et que l'on est désarmé vis-à-vis d'elles ?

On peut fermer les dépotoirs. — Nous renverrons à la lettre adressée le 22 avril 1882 au Ministre de l'agriculture par le Préfet de police, lequel, invoquant l'article 12 du décret du 15 octobre 1810, demandait la fermeture de 6 dépotoirs.

On est armé des mêmes moyens ; on peut procéder par les mêmes mesures.

La vidange service public. — Si l'on craint la grève des vidangeurs, que l'on prenne le moyen radical qu'a voté la minorité du 29 mars 1882, sur la proposition de M. Vauthier. « *La vidange, service public* », voilà la solution. Nous sommes heureux de la trouver indiquée et développée une fois de plus dans un travail publié récemment par M. E. Lecœur dans le *Génie civil*. Nous y lisons :

« Les dépotoirs, les vidanges et les transports sont entre les mains de l'industrie privée dont le but est nécessairement de gagner le plus d'argent possible. Les dispositions à prendre et les soins à employer pour satisfaire aux conditions de l'hygiène et de la salubrité et ne pas être désagréable au public, se traduisent par une dépense d'argent que tous les entrepreneurs cherchent à éviter autant qu'ils le peuvent, leurs intérêts étant en opposition absolue avec ceux de la salubrité. »

M. Lecœur explique que la surveillance est impossible et que la répression des délits est illusoire.

Un procès-verbal coûte moins cher au délinquant que le bénéfice de sa contravention. Il se laisse poursuivre et tout est dit. L'auteur conclut en demandant que la Ville ferme les usines, en achète le matériel et exerce elle-même la vidange *Service public*, moyennant une taxe de vidange analogue à la taxe de balayage, mais il veut surtout « supprimer, en les reportant en pleine campagne, loin de Paris, les dépotoirs et fabriques d'engrais qui l'enveloppent aujourd'hui d'une ceinture d'infection. »

Il croit que la vidange *Service public* conduirait à l'assainissement et procurerait même des bénéfices.

Question de l'innocuité résolue par l'éloignement. — L'innocuité des usines serait donc ainsi immédiatement réalisée dans la mesure du possible, et le serait d'autant mieux que le cercle d'infection, si l'infection persiste, s'étendrait dans une région bien moins peuplée que celle de Paris.

Nous avons démontré plus haut que les odeurs sensibles de Bondy se répandaient sur une zone peuplée de 800,000 habitants.

Supposons les voiries diverses, ou la voirie unique, renvoyées à 30 kilomètres de Paris, il ne sera pas difficile de trouver plusieurs zones peuplées de 30 à 40,000 âmes pour une égale étendue. Il s'ensuit que le dommage causé sera plus de vingt fois moindre.

Nous ne supposons pas que l'on puisse choisir les emplacements voisins des cours d'eaux affluant à Paris.

Si, pour la facilité des transports, la voirie doit avoisiner une voie navigable, on trouvera sans difficulté, plusieurs emplacements propices près du cours de l'Oise ou de la Seine.

La projection des eaux résiduaires dans le cours d'eau voisin n'aura pas les inconvénients constatés à la voirie municipale actuelle, dont les eaux résiduaires sont envoyées à la Seine à travers la ville de Saint-Denis par le collecteur départemental « dans un état de fétidité dont on ne peut se faire une idée... les exhalaisons abominables qui s'en dégagent se font sentir à 5 kilomètres de là aux fortifications. Au débouché de ce collecteur, le poisson de la Seine meurt empoisonné ». (Belgrand, 1870).

La maison de la Légion d'honneur située sur les rives du collecteur est coutumière de la diphtérie ; les cas d'évacuation de l'établissement pour cette cause ont été nombreux.

La Ville opérant elle-même dans des usines éloignées permettrait d'attendre le régime définitif. — Nous avons prouvé que l'éloignement des usines, et principalement de la voirie municipale, s'impose de la façon la plus impérieuse et ne présente qu'un intérêt de dépense relativement secondaire. Il ne paraîtra pas moins évident que la Ville assurerait l'innocuité de ses vidanges et de leur transformation en les opérant elle-même ; nous traverserions ainsi la période transitoire des dix ou vingt années qui nous séparent du régime définitif.

Nous disons vingt années, nous pourrions aussi bien dire trente ou quarante, car M. Belgrand en 1870 s'exprimait ainsi :

« La vidange à l'égout supprimera la voirie de Bondy ; mais pour que l'opération soit complète, il faudra que les égouts soient construits, ce qui exigera un délai de *dix ans*. Pendant tout ce temps, si l'Administration n'y mettait bon ordre, la voirie continuerait à infecter l'atmosphère, ce qui serait intolérable... »

Et d'autre part, M. Alphand nous annonçait en 1882 qu'il fallait encore dix ans pour achever le réseau des égouts.

De 1870 à 1882, de 1882 à 1892, ou à l'an 2000, qui nous autorise à croire que dans notre pays où la conception est toujours si prompte et l'exécution souvent si tardive, le xxᵉ siècle verra la solution radicale dont tous les pays d'Europe nous offrent cependant tant d'exemples ?

Exécution du cahier des charges. — Rabattons-nous donc sur l'exécution du cahier des charges que l'on viole de la manière la plus flagrante.

Nous avons voulu laisser écouler une période de dix-huit mois pour voir si l'on savait et pouvait faire exécuter les clauses de la location.

L'épreuve est suffisante.

Les cahiers des charges sont, comme par le passé, lettres mortes; les promoteurs du vote du 29 mars 1882 pouvaient se dispenser d'aligner soigneusement ces articles qu'on est impuissant à imposer à ces vétérans de contraventions qui occupent la voirie municipale.

Ces clauses sont-elles, oui ou non, exécutables?

Si elles le sont, qu'attend-on pour agir? si elles ne le sont pas, que doit penser le public?

En 1870, le même M. Belgrand écrivait :

« Nous allons transformer *immédiatement* la voirie de Bondy en un simple établissement insalubre ordinaire, qui sentira moins mauvais qu'une fonderie de suif, une fabrique de noir animal, dont l'odeur devient insensible à quelques centaines de mètres de distance. — Tel est l'état de transition proposé et qui sera *imposé* par l'Administration municipale au nouveau fermier de la voirie de Bondy. »

Le public a passé par ces séries périodiques de promesses toujours prodiguées, toujours faussées; on doit bien comprendre qu'il se tourne enfin vers les administrateurs. Eh bien ! c'est leur impuissance seule qu'il faut incriminer; l'erreur est de protéger les vidangeurs et de maintenir Bondy où rien n'est perfectible, où les cahiers des charges n'ont jamais été exécutés et ne le seront jamais.

Le seul parti à prendre est d'en faire table rase et d'en livrer les vieilleries aux démolisseurs.

Conditions d'une voirie pour atténuer le dommage qu'elle cause. — Pour satisfaire à l'obligation que l'on a imposée de ne répandre aucune odeur, de brûler, absorber ou décomposer les gaz et de rendre les eaux résiduaires inoffensives, il faudrait :

1° Débarder en lieu clos, dans des bassins cimentés;

2° Fermer toute salle, tout lieu de manipulation;

3° Ventiler mécaniquement tous les espaces confinés, entraîner les gaz et les brûler au moyen des foyers des générateurs ou des foyers spéciaux, principalement dans les salles des appareils distillatoires *dont les exhalaisons complexes ont un caractère spécialement écœurant que rien ne peut rendre*. (Alfred Durand-Claye, rapporteur des ingénieurs de la ville de Paris, 1881, page 11);

4° Neutraliser les gaz réfractaires à la combustion, tels que l'acide carbonique dont la Compagnie parisienne s'était rendue maîtresse à Nanterre;

5° Supprimer le four tournant si l'on ne veut pas faire la dépense d'un épurateur efficace;

6° Transporter les dépôts des ébourbeurs, des bassins, etc., sans manipulations, à l'aide de tuyaux et de moyens mécaniques;

7° Verser les eaux résiduaires quelconques sur les pompes de refoulement, dans un espace confiné, au moyen de tuyaux étanches.

Peut-on amener les exploitants à prendre ces précautions au milieu des masures de Bondy?

Bondy n'est pas perfectible. — Non, car il faudrait d'abord tout détruire : ayant tout détruit, on ne pourrait songer qu'à choisir l'emplacement éloigné que nous réclamons.

Quels sont les auteurs du délit? — Le lecteur remarquera que nous nous sommes tenu en dehors de toute incitation à la poursuite judiciaire des délinquants. Mais nous devons les désigner. Ces délinquants sont de deux classes :

La première est celle des administrateurs de la Seine personnifiés dans le Conseil municipal de Paris que nous accusons de ne pas faire observer les prescriptions qu'il a lui-même imposées.

La seconde classe de délinquants est celle des vidangeurs, responsables vis-à-vis de l'Administration de la violation de leur cahier des charges, et responsables vis-à-vis du public du dommage qu'ils lui causent.

Conclusion. — La conclusion de notre travail s'indique d'elle-même :

Adopter d'urgence le système définitif de l'évacuation des vidanges.

Supprimer les fosses fixes;

Supprimer sans aucun délai les voiries de la banlieue;

Transitoirement, les éloigner de Paris, exploiter comme service public la vidange et ses transformations en suivant les conditions imposées plus haut et supprimer ainsi la spéculation.

Telles pourraient être les justes exigences de la malheureuse population parisienne, tel devrait être le mandat imposé, avant tout autre, au conseiller municipal par chaque électeur, sans préjudice des poursuites judiciaires contre les usines de vidanges.

DORRÉ

Octobre 1883.

Paris. — Imprimerie Vᵉ Renou, Maulde et Cock, rue de Rivoli, 144. B. 2589

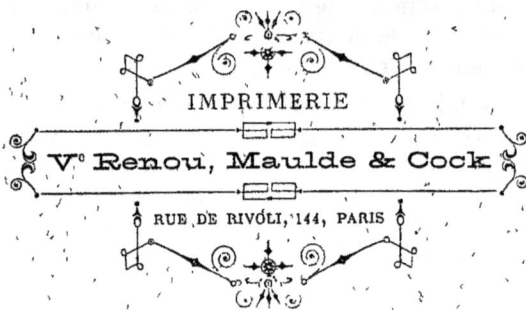

IMPRIMERIE

V° Renou, Maulde & Cock

RUE DE RIVOLI, 144, PARIS

www.ingramcontent.com/pod-product-compliance
Lightning Source LLC
Chambersburg PA
CBHW060805280326
41934CB00010B/2558